Google RankBrain	4
RankBrain und Click Through Rate (CTR)	5
Verbessern Sie Ihre Click-Through-Rate	7
Tiefgründiger Content gewinnt	9
Umfang	9
Ergänzen Sie Ihren Content um LSI-Keywords	10
Googles Mobile First Index	13
3 Tipps zum Mobile First Index	13
Content vergleichen	13
Nutzen Sie ein responsive Design	14
Passen Sie Ihr mobiles Design an	14
Denken Sie an das RankBrain	15
Video-Content	16
YouTube	16
Stellen Sie Spracheingabe zur Verfügung	17
Wie Sie für Sprachsuchanfragen optimieren	18
Rankingfaktoren Nummer 1 & 2	18
Visueller Content	19
Regen Sie die Kommentare auf Ihrer Seite an	20
Bonustipp: WhatsBroadcast	21
Zusammenfassung	22
Über den Autor	23
Haftungsausschluss	24
Kontakt	26

Sie sind Unternehmerin oder Webseiten Betreiber?

Herzlich Willkommen beim Thema SEO!

Wer heute im Web unterwegs ist, sucht entweder oder will gefunden werden. Wer verstehen möchte, was hinter SEO und SMM steht, muss verstehen wie Google, Bing & Co funktionieren, welche Ziele sie haben und welche technischen Notwendigkeiten nötig sind, um entsprechend der Suchanfragen gefunden zu werden und welche Methoden es gibt, um die Suche überhaupt anzuregen: technisch, inhaltlich, social.

Damit Sie nicht lange suchen müssen und wissen was auf Sie zukommt: Wir haben Ihnen die wichtigsten SEO-Tipps für das nächste Jahr zusammengestellt.

Google RankBrain

Google hat 2017 verkündet, dass RankBrain der drittwichtigste Ranking-Faktor ist.

Das Google RankBrain ist ein Maschinenlernsystem, das die Suchmaschine bei der Sortierung der Suchergebnisse unterstützt. RankBrain misst, wie Nutzer mit den Suchergebnissen arbeiten und sortiert sie dementsprechend. Wir zeigen Ihnen hier ein Beispiel mit "Gin Basil Smash". Der dritte Artikel der „Gintlemen" klingt besonders ansprechend. Sie klicken es an und verweilen auf der Website. Google RankBrain erkennt, dass Ihnen diese Seite weitergeholfen hat und bewertet diese Seite entsprechend gut. Genau so kann es umgekehrt funktionieren, das erste Suchresultat führt mich auf eine Fehlermeldung. Google RankBrain bemerkt auch dies und wird diese Seite schlechter bewerten.

RankBrain bewertet nach der Verweildauer und der Click Through Rate. Was heisst das? Die Verweildauer ist die Zeit, die ein Nutzer auf einer Seite verbringt. Die Verweildauer ist sehr wichtig für Ihr Ranking. Gemäss Studien ist die durchschnittliche Verweildauer für ein Top 10

Ranking 3 Minuten und 10 Sekunden. Dies macht auch Sinn, da man nicht lange auf einer Website verharrt, wenn einem die Inhalte nicht gefallen.

RankBrain und Click Through Rate (CTR)

Google Engineer Paul Haahr verwirrt für einen kurzen Moment die SEO-Experten mit diesem Bild:

Dieses Bild will Ihnen aufzeigen, dass manchmal auch Seiten höher gerankt werden als Sie der Regel nach „sollten". Wenn die Seite eine überdurchschnittliche Click-through-Rate aufweist, nehmen wir dies als Signal, dass die Seite einen permanenten Ranking-Boost erhalten sollte.

Dies macht nur Sinn, denn nur die meistgeklickten Seiten haben einen Platz in den Top Ten bei Google verdient.

Verbessern Sie Ihre Click-Through-Rate

Auch die Click-Through-Rate wird 2018 wieder eine grosse Rolle spielen. Mithilfe von RankBrain, Adwords und Einträgen bei Google Shopping, MyBusiness etc. können Sie Ihre Click-Through-Rate um ein Vielfaches steigern. Wie Sie in unserem Bild sehen, erscheinen zuerst die Shopping-Einträge, danach die Adwords, und erst dann, schon fast nicht mehr sichtbar, die suchmaschinenoptimierten Einträge.

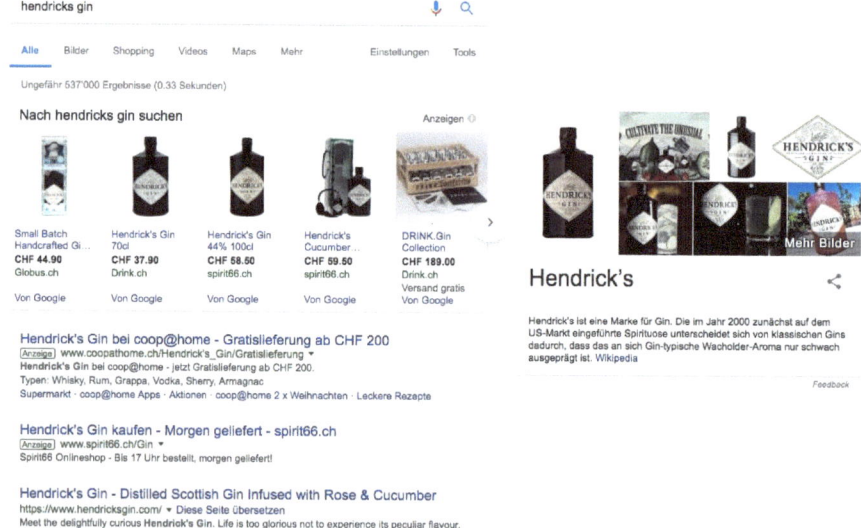

Gemäss Studien ist die organische Click-through-Rate in den letzten zwei Jahren um 37% gesunken. Dies liegt auch an Google selbst, da Google immer mehr sogenannte „Antwortfelder" einfügt, Beispiel:

Tiefgründiger Content gewinnt

Früher ging Google für das Ranking auf Ihre Keywords, das hiess, Sie mussten darauf achten, dass Sie Ihre Keywords im Titel-Tag, in der URL, in allen Bildunterschriften, Beschreibungs-Tags und Überschrifts-Tags erwähnt hatten. Natürlich hat das auch heute noch einen Einfluss auf Ihr Ranking, jedoch hat Google einiges hinzugefügt. Statt nur den Content zu beachten, konzentriert sich Google auch auf den Kontext. Dies hat den Vorteil, dass wirklich nur relevante Suchresultate angezeigt werden, das heisst, nicht Artikel, die 100 Mal ein Keyword erwähnt haben, sondern diese, die Ihre Frage beantworten. Das wird allgemein als „tiefgründiger Content" bezeichnet.

Umfang

Wirklich tiefgründiger Content auf Ihrer Website sollte 2'000 Wörter enthalten. Natürlich ist dies nicht immer möglich, die Mindestanzahl Wörter sollten aber 500 sein. Je mehr, desto besser. Google bewertet dies so, dass der Suchende mit mehr Content auch mehr zu seinem Thema erfahren kann.

Ergänzen Sie Ihren Content um LSI-Keywords

LSI Keywords sind Wörter und Phrasen, die Ihrem Thema sehr ähneln.

Wie finden Sie nun LSI-Keywords?

Hier sehen Sie drei einfache Wege:

Um Ihre LSI Keywords herauszufinden, gibt es ein kostenloses Tool namens LSI Graph. Mit diesem können Sie Ihre Keywords generieren.

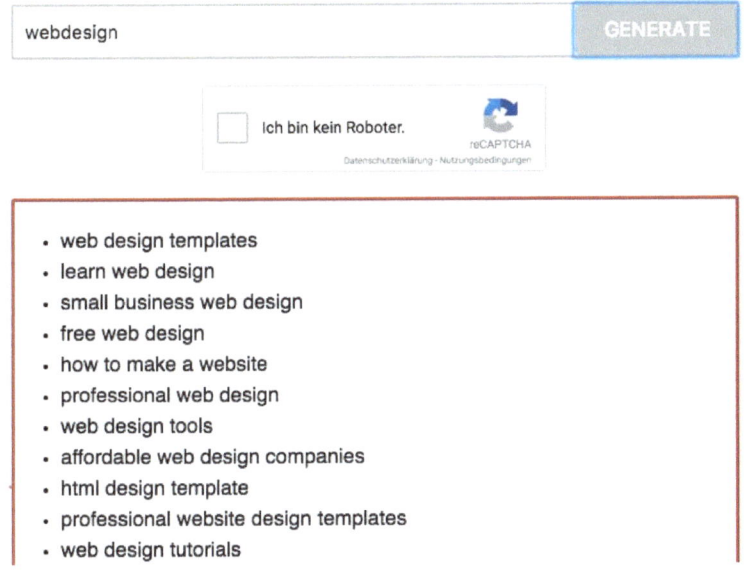

Fügen Sie die Keywords in Ihren Content ein, die Sinn machen.

Zweitens zeigt Ihnen auch Google Suggest auch die Vorschläge, die am meisten gesucht werden, an. Bei den ähnlichen Suchen am Ende der Google Suchseite sind die fettgedruckten Wörter LSI Keywords. Drittens können Sie den [Google Keyword Planner](#) nutzen. Sie können hier Keywords eingeben und sehen die Suchresultate. Sie können hier ebenfalls Stichworte vergleichen.

Sagen wir, Ihr Unternehmen ist im Webdesign tätig. Sie haben beispielsweise folgende LSI-Keywords:

- Webdesign
- Homepage erstellen
- Website erstellen
- Grafikdesign

Wenn Google Ihre LSI-Keywords analysiert, merkt es, wie gut Sie ein gewisses Thema abdecken und ranken Ihre Seite somit höher. Prüfen

Sie gleich jetzt Ihren Content und fügen Sie allfällige LSI-Keywords vereinzelt ein.

Googles Mobile First Index

Ab 2018 wird Google den Mobile First Index einführen. Das bedeutet, die mobile Version Ihrer Website wird von Google zuerst bewertet, die Desktop-Version ist zweitrangig. Diese Änderung macht auch Sinn, da heute bereits 60 %, also über die Hälfte aller Google Suchanfragen über ein mobiles Gerät erfolgen.

3 Tipps zum Mobile First Index

Content vergleichen

Einige mobile Websites haben Ihren Text teils verborgen hinter einem „mehr"-Button. Mit dem Mobile First Index wird dies zu einem grossen Problem, da der verborgene Text nicht bewertet wird. Darum ist es wichtig, dass Ihre Website auch in der mobilen Version allen Text anzeigt. Aus diesem Grund sollten Sie auch für die mobilen Nutzer 100% der Inhalte Ihrer Desktop-Version anzeigen.

Nutzen Sie ein responsive Design

Ein responsive Design bedeutet, dass sich die Website dem Endgerät anpasst, sprich, bei einem iPhone Plus ist die Website dem Bildschirm angepasst, wie aber auch bei einem Android-Gerät oder Tablet.

Passen Sie Ihr mobiles Design an

Je kleiner das Gerät ist, desto einfacher muss das Design sein. Wenn eine mobile Seite nicht übersichtlich und auf den ersten Blick alles klar ist, wird Sie nicht verwendet werden.

Denken Sie an das RankBrain

RankBrain beobachtet, wie Ihre Nutzer sich in Ihrer Website bewegen. Das heisst, wenn Ihre Nutzer Ihre Seite nicht in drei Sekunden verstanden haben, werden Sie abspringen und Ihre Seite schlechter gerankt.

Testen Sie Ihre Seite jetzt auf dem [Mobile-Friendly Test Tool](#) von Google. Sie können dort Ihre URL eingeben und Google zeigt Ihnen, wie mobilfreundlich Ihre Website ist. Google hilft Ihnen auch mit Tipps, wie Sie Ihre Website besser für mobile Geräte gestalten können.

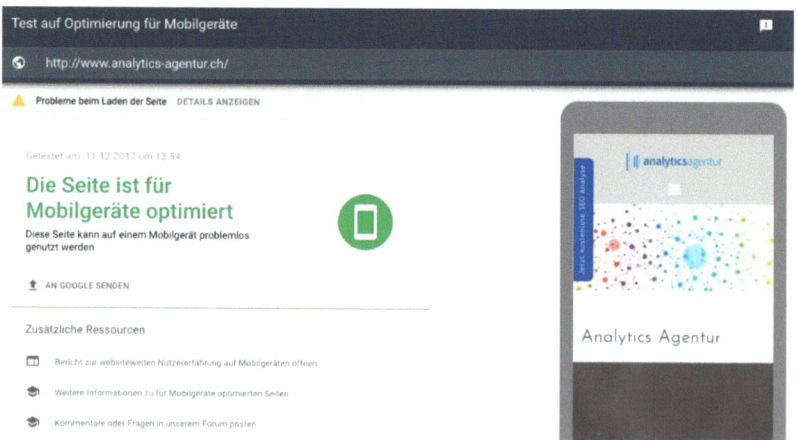

Video-Content

Videos sind momentan DIE Art von Content, der viral geht. Gemäss Cisco werden Videos bis 2021 80% allen Online-Traffics ausmachen. Im Moment ist die Nachfrage nach Videos grösser als das Angebot. Das heisst, Sie haben hier einen noch nicht gesättigten Markt und Ihre Leser WOLLEN Ihre Videos. Wir zeigen Ihnen jetzt, was Sie für Möglichkeiten haben für audiovisuellen Content.

YouTube

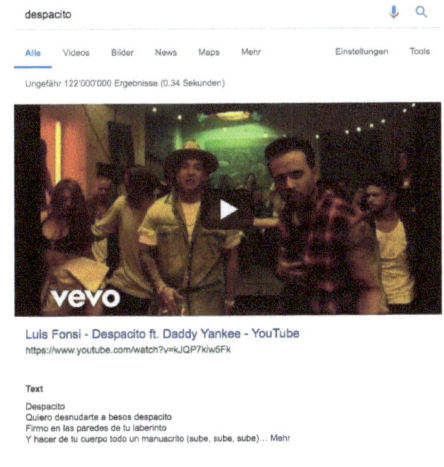

YouTube ist bereits heute die zweitgrösste Suchmaschine der Welt und wächst noch weiter. Gemäss der Huffington Post verbringen wir 60% mehr Zeit auf YouTube als 2016. Die zweitgrösste Suchmaschine der Welt muss unbedingt in Ihre Strategie einfliessen, da Sie ansonsten einen riesigen Markt schlicht verpassen.

Auch Videos lassen sich SEO-optimieren. Vergessen Sie nicht, dass YouTube zu Google gehört und auch zum Ranking beiträgt. Sie haben vielleicht bemerkt, dass auch YouTube-Videos in den Suchresultaten bei Google eingeblendet werden. Darum macht das umso mehr Sinn, sich diesem Thema bewusst anzunehmen.

Stellen Sie Spracheingabe zur Verfügung

Der Trend geht auch bei der Suchanfrage weg vom Schriftlichen hin zur Sprachausgabe. Beachten Sie diesen Trend auch für Ihre Website, denn mittlerweile machen 40% der Erwachsenen laut Studien mindestens eine Sprachanfrage pro Tag. Im Vergleich zu 2008 werden 35 Mal mehr Sprachanfragen durchgeführt. Vor allem mobile gewinnt der Trend durch Siri und Alexa auf den Smartphones. Mit diesem Wissen werden kluge SEO-Experten beginnen, Teile ihres Contents für Sprachsuchanfragen zu optimieren.

Wie Sie für Sprachsuchanfragen optimieren

Sprachsuchanfragen stehen erst am Anfang. Wir haben Ihnen einige Ratschläge, wie Sie rechtzeitig auf den Trend aufspringen können:

- Sprachsuchanfragen funktionieren erst, wenn Sie bereits auf der ersten Seite sind.
- Noch mehr als im Text sind in der Sprachausgabe Frage und Antwort wichtig. Wir reden nicht in Stichwörter. Achten Sie deshalb darauf, dass Ihr Content Fragen stellt und Fragen beantwortet.

Rankingfaktoren Nummer 1 & 2

Das wichtigste im Ranking ist immer noch der Content selbst und die Links darauf. Die vorherigen Punkte wie der Mobile First Index, Sprachsuchanfragen oder RankBrain werden erst wichtig, wenn Ihre Website bereits Seite 1 rankt und Sie noch auf die ersten 3 Plätze kommen wollen. Liefern Sie relevanten, wertvollen Content in mindestens 500 Wörtern, wenn möglich mehr. Organisieren Sie Backlinks.

Bei den Links ist immer noch wichtig, dass die verlinkende Seite auch wertvoll ist. Besser haben Sie fünf Backlinks von wertvollen Seiten als 25 Schrottseiten.

Sprich:
Content und Links bilden die gesamte Basis für die Suchmaschinenoptimierung.

Visueller Content

Wir haben Ihnen vorher erklärt, wie wichtig Video, also audiovisueller Content wird. Genauso wichtig ist auch sonstiger visueller Content. Achten Sie darauf, dass Sie möglichst viel visuell darstellen können. Auch bei einem Blogbeitrag können Sie Bilder einfügen. Durchschnittlich jeder dritte Marketing-Experte gibt an, dass der visuelle Content das wichtigste Mittel sei, vor allem seit dem Aufkommen von Instagram und Pinterest. Fügen Sie Bilder ein, wo immer Sie können. Auch Infografiken und Screenshots als Erklärungen werden viel mehr wahrgenommen als Text-Content.

Regen Sie die Kommentare auf Ihrer Seite an

Kommentare auf Ihrem Blog verhelfen ebenfalls zu einem guten Ranking. Dieses Jahr sprach Google „Kommentare sind bessere Interaktions-Signale für SEO als Social Media Aktivität." Dies bedeutet für Sie, dass Sie nicht nur auf Social Media Community Management betreiben sollten, sondern auch auf Ihrer Website mit Ihrem Blog.

Bonustipp: WhatsBroadcast

In der heutigen Zeit, in der Chatprogramme so erfolgreich sind, ist es an der Zeit, dass wir uns umorientieren, weg von ärgerlichen Telefonwartezeiten hin zu Whatsapp-Beratung. Durch sogenannte "Bots" könnte die Umstellung zu einer kompetenten und einfachen Beratung über ein Chatprogramm eine reelle Chance haben. Sie haben ebenfalls die Möglichkeit, Ihren Newsletter über WhatsApp laufen zu lassen mit Whatsbroadcast.

Zusammenfassung

Google besitzt ein Maschinenlernsystem namens RankBrain. Das RankBrain bewertet die Verweildauer und die Click-Through-Rate. Mit Adwords und Google Einträgen können Sie Ihre Click-Through-Rate enorm verbessern. Nutzen Sie mindestens 500 Wörter pro Seite, wenn möglich mehr. Stellen und beantworten Sie Fragen, da die meisten Suchanfragen beantwortet werden. Nutzen Sie den LSI Graph, um Ihre LSI Keywords herauszufinden. Denken Sie auch an Googles Mobile First Index, und überarbeiten Sie Ihre mobile Website. Erstellen Sie Video-Content und nutzen Sie unbedingt YouTube. Stellen Sie Spracheingabe zur Verfügung. Bei den Links ist immer noch wichtig, dass die verlinkende Seite auch wertvoll ist. Content und Links bilden die gesamte Basis für die Suchmaschinenoptimierung. Vergessen Sie trotzdem nicht, genügend Bilder einzufügen. Fördern Sie weiterhin die Interaktion auf Ihrer Website und auf Ihren Social Media Profilen.

Über den Autor

Roger L. Basler de Roca ist Betriebsökonom FH und Unternehmens-Architekt. Er ist Referent und Autor seit mehreren Jahren und bekannt für innovative und digitale Geschäftsmodelle. Als Digital Native mit einer Vorliebe für Sprachen und fremde Länder war er lange als Berater im Ausland (u.a China, USA, Naher Osten sowie Nordeuropa) tätig.

In seiner Funktion als Unternehmens-Architekt steht er etablierten Unternehmen und Startups in der Schweiz, Deutschland und Österreich in den Bereichen Business-Development, Digitales Marketing und e-Commerce als Sparringpartner und unternehmerisch beteiligter Berater zur Seite.

Sie erreichen ihn via www.unternehmens-architekt.ch oder via LinkedIn

Haftungsausschluss

Das Werk einschliesslich aller Inhalte ist urheberrechtlich geschützt. Alle Rechte vorbehalten. Nachdruck oder Reproduktion (auch auszugsweise) in irgendeiner Form (Druck, Fotokopie oder anderes Verfahren) sowie die Einspeicherung, Verarbeitung, Vervielfältigung und Verbreitung mit Hilfe elektronischer Systeme jeglicher Art, gesamt oder auszugsweise, ist ohne ausdrückliche schriftliche Genehmigung sind untersagt. Alle Übersetzungsrechte vorbehalten. Die Benutzung dieses Buches und die Umsetzung der darin enthaltenen Informationen erfolgt ausdrücklich auf eigenes Risiko. Das Werk inklusive aller Inhalte wurde unter grösster Sorgfalt erarbeitet. Dennoch können Druckfehler und Falschinformationen nicht vollständig ausgeschlossen werden. Der Autor übernimmt keine Haftung für die Aktualität, Richtigkeit und Vollständigkeit der Inhalte des Buches, ebenso nicht für Druckfehler. Es kann keine juristische Verantwortung sowie Haftung in irgendeiner Form für fehlerhafte Angaben und daraus entstandenen Folgen vom Autor übernommen werden.

Für die Inhalte von den in diesem Buch abgedruckten Internetseiten sind ausschliesslich die Betreiber der jeweiligen Internetseiten verantwortlich.

1. Auflage Dezember 2017

Autor, Herausgeber, Redaktion, Satz, Gestaltung (inkl. Umschlaggestaltung), Texte, Bilder, Titelbild: Roger Basler und Lea Mäder.

Kontakt

Analytics Agentur

Neustadtgasse 1a

8400 Winterthur

Schweiz

mail@analytics-agentur.ch

www.analytics-agentur.ch

+41 44 856 62 65

Fragen Sie uns für digitale Geschäftsmodelle, digitales Marketing, E-Commerce, Social Media und SEO!

www.ingramcontent.com/pod-product-compliance
Lightning Source LLC
Chambersburg PA
CBHW040348220526
45473CB00009B/2815